Educar pode ser fácil!

Dados Internacionais de Catalogação na Publicação (CIP)
(Câmara Brasileira do Livro, SP, Brasil)

Dadas, Fabiana Jurca
Educar pode ser fácil! Fabiana Jurca Dadas. – Petrópolis, RJ : Vozes, 2012.

ISBN 978-85-326-4405-3

1. Educação – Finalidades e objetivos 2. Pedagogia 3. Prática de ensino I. Título.

12-07386 CDD-370.1

Índices para catálogo sistemático:

1. Educação : Finalidades e objetivos 370.1

Fabiana Jurca Dadas

Educar pode ser fácil!

EDITORA
VOZES

Petrópolis

Rua Frei Luís, 100
25689-900 Petrópolis, RJ
Internet: http://www.vozes.com.br
Brasil

Diretor editorial
Frei Antônio Moser

Editores
Aline dos Santos Carneiro
José Maria da Silva
Lídio Peretti
Marilac Loraine Oleniki

Secretário executivo
João Batista Kreuch

Editoração: Fernando Sergio Olivetti da Rocha
Projeto gráfico: Sheilandre Desenv. Gráfico
Capa: Graph-it
Ilustrações do miolo: Pamela Jurca Dadas e Iago Jurca Piva Dadas

ISBN 978-85-326-4405-3

Editado conforme o novo acordo ortográfico.

Este livro foi composto e impresso pela Editora Vozes Ltda.

Dedico este livro a pais, educadores e psicólogos que desejam um direcionamento em relação ao dia a dia da arte de educar.

Agradecimentos

A Deus, por mais essa vitória!

Aos meus queridos filhos e marido que muito me apoiaram ao compreenderem os momentos em que precisei me ausentar para dedicar-me a essa obra.

Aos meus pais, pois foi com eles que iniciei meus primeiros passos nos estudos.

Ao Pastor Sebastião Lomeu, sempre presente em todos os momentos da minha nova vida cristã, apoiando-me e incentivando-me, seja em palavras ou em orações.

Aprendi o silêncio com os faladores,
a tolerância com os intolerantes,
a bondade com os maldosos;
e, por estranho que pareça, sou grato
a esses professores.
Khalil Gibran

Sumário

1

Como tudo começou

Desenvolvo trabalhos de orientação familiar, palestras em escolas e empresas, atendimento individual em psicoterapia, e sempre ao final dos meus trabalhos sou abordada por pessoas que desejam sanar dúvidas ligadas a como educar seus filhos ou como resolverem questões emocionais de diferentes causas. Vejo que, embora a psicologia esteja sendo difundida publicamente, seu real papel ainda está distante do nosso cotidiano. O psicólogo acaba sendo visto como um guru que magicamente saberá dar a resposta certa e a chave para que todos os problemas sejam imediatamente solucionados. Também percebo a equivocada visão de "psicologismos baratos", onde tudo é motivo para traumas e, com medo do tudo, acabamos fazendo nada. Os problemas de ordem emocional têm crescido espantosamente em nossa sociedade. Nunca se ouviu falar tanto em depressão, crimes em família, Síndrome do Pânico...

Diante disso, comecei a pensar em uma maneira de fazer da psicologia, uma ciência cada vez mais conhecida e acessível, pois sempre acreditei na orientação como uma significativa maneira de prevenção. Como meu foco é orientação, dei prioridade em produzir uma obra voltada para os pais e para aqueles envolvidos com eles (os educadores). Já que nossa vida começa em família, é nela que podemos achar a solução! O que seria mais recomendável em um pomar: cuidar de fruto por fruto, ou fortalecer as árvores para que seus frutos fossem de melhor qualidade? Obviamente que cuidar do pomar seria o mais inteligente! Assim, antes de cuidar das crianças, quero me dirigir aos seus responsáveis. Percebo que os pais estão sedentos de informações para terem domínio sobre as atitudes de seus filhos, que estão cada vez mais sem limites, dando-nos a triste certeza de uma juventude desregrada.

A criança que não tem respeito pelos pais (figura de autoridade no lar) não será capaz, na adolescência e na fase adulta, de respeitar outras figuras de mesmo significado: professor, chefe, sociedade..., pois não foi ensinada a tal ato.

Dessa maneira, esta obra tem por meta contribuir com a população em geral, discutindo temas do cotidiano de quem educa.

Procurei fazer uso de uma linguagem clara e objetiva, que favoreça o entendimento tanto de profissionais quanto de "amadores" no assunto. Tenho a certeza de que poderei contribuir bastante com aqueles que lerem esta obra, pois o trabalho preventivo é a chave de uma sociedade mentalmente saudável.

Erro x acerto

Durante muito tempo trabalhei na Educação Infantil e pude observar, no decorrer desse período de mais ou menos dez anos, o quanto os problemas comportamentais das crianças eram repetitivos, com dinâmicas idênticas entre a maioria dos pais. Aquela velha expressão: "Criança só muda de endereço", ou ainda: "Os pais só mudam de endereço", realmente eram válidas na prática existente.

Essas ocorrências acabavam multiplicando-se pela falta de um trabalho preventivo na área comportamental, pois não há curso preparatório para nos tornarmos pais. Além disso, só chegam a um consultório de psicologia os pais que já esgotaram todas as suas forças, é claro! Meu questionamento é: Será que precisariam chegar a esse ponto?! Certamente os pais erram, desejando o tempo todo acertar!

Você já tentou acertar um papel em um cesto com os olhos vendados? Imagine-se fazendo isso onde seu único objetivo é conseguir acertar. Quanto maior for o número de tentativas, maior será o número de papéis no chão! Imagine agora que alguém chegou à sala em que você está e comenta: Nossa! Quanta sujeira! Por que tanto papel!? Você não sabe jogá-los no local correto? E sua resposta seria: Esses papéis estão aí porque tentei inúmeras vezes acertá-los dentro do cesto!

Será que se você soubesse ao menos a localização, a dimensão do cesto, não teria acertado mais, mesmo estando de olhos vendados?

Meu objetivo é justamente esse! Não quero ser aquela que chega questionando os papéis derrubados, mas quero chegar antes para dar a localização e o diâmetro do cesto para facilitar os acertos.

Quero ter em meu consultório não somente aqueles pais que já estão desesperados, mas sim aqueles que ainda não precisaram disso e que, com orientação preventiva, jamais precisarão.

3

A comunicação traduzindo comportamentos

Muitas vezes não utilizamos um aparelho eletrodoméstico em todas as suas funções porque não possuímos o manual em português, então apertamos vários botões, pedimos palpites para amigos, vamos tentando... tentando... até conseguirmos utilizá-lo (ou danificá-lo, mesmo que seja sem intenção).

Outro exemplo que utilizo com frequência é o de comparar os pais a uma pessoa que recebe uma importante personalidade estrangeira e que, para ser gentil, oferece-lhe vários pratos exóticos, decoração de ótimo gosto, sucos de variedade de frutas..., mas ainda assim percebe que sua ilustre visita está impaciente, pedindo-lhe algo por meio de gestos. Para agradar ainda mais, o bom anfitrião resolve então servir a sobremesa.

Prepara o melhor doce que conhece (já que seu objetivo é agradar!). Para decepção de todos, a visita demonstra insatisfação, dá um sorriso amarelo e finge que está satisfeita, porém seu olhar denuncia claramente sua decepção. O anfitrião, por outro lado, também fica insatisfeito, sentindo-se injustiçado, pois parece que todos os seus esforços foram em vão. Eis que chega um tradutor e, ao conversar com aquela visita, traduz a seguinte frase: Onde está a jarra d'água?

Água!? Água que você tinha em abundância... pura... cristalina... e de fácil acesso!

Essa situação é vista diariamente entre pais desesperados que afirmam: "Não sei por que ele demonstra tristeza... Ele tem de tudo! Damos o nosso melhor! O quarto que ele escolheu... o brinquedo que pediu, a escola mais cara..."

Os pais, assim como o anfitrião da metáfora anterior, esforçam-se, dedicam-se ao máximo e se frustram por não atingirem a expectativa dos filhos. Fazem aquilo que julgam o máximo, sem perceber que talvez suas importantes visitas (e seus filhos) estavam precisando de algo muito mais simples. Preocupamo-nos tanto em dar o melhor que deixamos de oferecer o necessário.

Certamente qualquer criança trocaria o brinquedo mais caro do mundo por meia hora diária brincando de massinha com os pais no chão da sala de estar. Da mesma maneira que qualquer um que estiver com muita sede trocaria qualquer variedade de doces exóticos por um bom jarro de água fresca!

Esse é um dos segredos que julgo importantes de serem lembrados por todos que já têm ou que pretendam ter filhos. Não ofereça o que você julga fundamental, mas pare ao menos um pouco para observar o que o outro deseja!

O psicólogo, a meu ver, é um tradutor. Ele fará esse papel de interpretar, de decodificar as atitudes da criança para que os pais compreendam do que verdadeiramente ela precisa!

Muitas vezes nossos filhos estão nos pedindo um beijo antes do jantar e nós fazemos um enorme crediário para comprarmos o último modelo de carrinho com controle remoto... Eles nos pedem para acompanhá-los à festa do colégio e nós nos endividamos para mandá-los à Disney nas férias, e aí nos sentimos frustrados quando, após tantos esforços, enxergamos nas crianças o mesmo olhar de insatisfação.

Quanto dinheiro e desgaste emocional poderiam ter sido economizados se um profissional (um tradutor comportamental) tivesse sido consultado antes de nos aventurarmos em adivinhações!

Por não decodificarmos a mensagem que está oculta em cada comportamento de nossos filhos, perdemos inúmeras chances de ajudá-los. O que será que um filho quer nos dizer cada vez que não conclui os deveres? Ou ainda, quando morde um coleguinha... ou quando escreve no muro de um vizinho? Será que ir mal nos estudos significa algo além de preguiça?! Certamente que sim!!!

É muito fácil atender ao que nossos filhos nos pedem, contanto que saibamos o que eles estão nos pedindo... É preciso entender a língua deles!

Pois é bem esse o papel que vejo na figura do psicólogo! É um tradutor da linguagem comportamental, e é nesse momento que o trabalho preventivo pode manifestar-se.

Quando conseguimos suprir as necessidades emocionais de nossos filhos, os comportamentos inadequados extinguem-se.

4

Ser claro, é claro!

Quando não compreendemos as orientações, não concluímos as tarefas, mesmo que sejamos capazes de fazê-la.

Um erro de comunicação pode ter tanto consequências leves quanto prejuízos incalculáveis. Pode parecer estranho, mas é exatamente isso que ocorre na educação de nossos filhos.

Da mesma forma que queremos entendê-los, devemos nos fazer entender.

Para que a criança nos atenda e nos obedeça, ela primeiro precisa compreender de forma clara o que é esperado dela. Nesse caso, embora pareça que algumas informações óbvias não necessitam ser dadas, isso é falso! Combine antes de cobrar.

A criança precisa saber claramente as regras do jogo e, para facilitar tal compreensão, é importante que essas regras não fiquem mudando a todo instante!

Outra dica importante: Seja objetivo! Falar demais desgasta a criança e confunde sua compreensão. Por exemplo: Se seu filho está subindo em um local que ofereça risco não use frases do tipo: **"Fulano, você vai cair, vai se machucar e eu não vou nem ligar, porque eu estou avisando!" "Você é teimoso, arteiro, e eu já não aguento mais!" "Vou mandar o médico te dar uma injeção quando chegar ao hospital por causa do tombo!"**

Todas essas frases apelativas e não verdadeiras deveriam ser substituídas apenas por: **"Desça daí agora!"**

Observe que no primeiro exemplo, apesar do responsável ter utilizado quarenta e três palavras, em nenhum momento ele deixou claro o que esperava da criança!

Foi um emaranhado de queixas que não levaram a nada. Já no segundo exemplo, em três palavras ficou claro o que era esperado da criança: que descesse imediatamente.

Como você se sentiria se seu chefe o cobrasse de um serviço que não havia lhe pedido? Absurdo, não é? Mas é isso que fazemos quando cobramos da criança um comportamento que não explicamos antes. No mundo infantil, o óbvio não existe. Combine primeiro, depois cobre! Não é para subir no sofá da tia? Então combine isso antes de sair de casa! Não vai comprar nada no mercado? Então combine antes e mantenha o que combinou, mesmo que isso gere choro e birra.

Muitos pais se deixam intimidar pelo choro e, quando isso é percebido pela criança, é claro que a pequena fará uso de sua arma quando quiser vencer na situação!

Pense no seguinte: a criança só vai dar sequência aos comportamentos em que obtiver sucesso. Se o comportamento do choro sempre for seguido de um estímulo positivo (conseguir o que queria), esse comportamento tenderá a aumentar, pois o mesmo está sendo caminho para o sucesso. Transferindo isso para o mundo adulto, se você tivesse uma estratégia de vendas que está sempre te dando lucros altos, você pensaria em mudar de técnica? Duvido que sim! A mudança sempre vem por meio de uma situação de desconforto. Diante dessa conclusão, como esperar que a criança, que está se dando bem chorando, pare de chorar ou fazer birra? Como a criança irá interiorizar que você não gosta dessa atitude, se você sempre a recompensa quando tal atitude é tomada?

Ser claro na comunicação com a criança está diretamente ligado ao que os pais fazem e não ao que falam.

Inúmeras vezes vi situações em meu consultório em que os pais de crianças em terapia relatavam seguros de si: "Já avisei meu filho de que, se ele não me obedecer, não irá ao passeio do colégio!" e então eu questionei: "E se ele não obedecer, mesmo assim você o proibirá de ir ao passeio?" E a resposta dos pais é unânime: "Ah ! Eu tenho dó! Perder o passeio é severo demais, não é?! Acabaremos deixando... a gente fala para ver se ele melhora!"

Transportando tal situação para o contexto do mundo adulto, que imagem você teria de um empresário que oferece um salário ou prêmio por desempenho que ele já sabe antecipadamente que não irá pagar?

Como se sentirá sendo o funcionário que na hora de receber tal quantia em dinheiro tenha como resposta que não irá receber, pois a oferta foi só para incentivá-lo a melhorar seu desempenho profissional!

Certamente qualquer um que passar por uma situação dessas terá a visão de que esse empresário não é uma pessoa digna de confiança!

Não gostamos de nos relacionar com pessoas que não cumprem sua palavra, assim como dificilmente voltamos a confiar em quem tem esse tipo de comportamento. Não podemos subestimar as crianças! Com elas isso também ocorre!

Quando os pais falam e não cumprem o que foi dito (seja coisa boa ou ruim), estão silenciosamente pedindo para que seus filhos não lhes deem crédito.

Como estar sob a responsabilidade e sob as orientações de alguém sem credibilidade?! Por isso, é fundamental pensar antes de prometer (ou ameaçar). Até mesmo a Bíblia cita que não somos obrigados a prometer, mas que, se prometermos, somos obrigados a cumprir!

Portanto, não faça ameaças com castigos dos quais é sabido que não suportará aplicar ou que não terá como garantir sua realização. Seguem alguns exemplos para ficar mais claro, e entre parênteses o que deve ser levado em conta antes de ser dito a uma criança ou adolescente:

1) **Você ficará uma semana sem ver TV!** (Terá como garantir isso? Estará em casa em horário integral para acompanhar esse período? Quem fica com o seu filho enquanto você trabalha tem controle o suficiente para garantir o cumprimento de tal condição?) Se as respostas forem não, esqueça essa ideia e passe para outra!

2) Não ficará no computador por "tantos" dias... (Nesse caso, pode ser mais fácil de resolver, pois é possível que a responsável peça o corte temporário de internet no local, ou que faça um sistema de senha de acesso que permita que o usuário não consiga fazer uso do mesmo sem o consentimento do responsável, porém, se o filho costuma ficar na casa de um amigo ou parente após o horário da escola, onde haja acesso, pense em outra estratégia!).

3) Você não irá ao *shopping* conosco no fim de semana! (Mas se a família toda for, com quem o filho ficará?! Nada de ameaçar o que não se pode cumprir!) Deve-se ainda tomar cuidado para não dar um castigo que seja gostoso. Pode ser que não ter que ir ao *shopping* é tudo que o filho mais queira, e que prefira ficar "de castigo" na casa da vó, onde seus desejos são totalmente realizados!

Castigos longos demais também não funcionam. Fazem com que o indivíduo nem sequer se lembre que está de castigo.

Observe que crianças, ao serem colocadas "para pensar no sofá", geralmente são encontradas dormindo e não pensando. Isso porque a maioria dos pais não coloca seus filhos de castigo para corrigi-los, mas sim para que os mesmos deem alguns minutos de sossego. Nisso, o sossego fica tão bom que os filhos são esquecidos ali. Os pais se esquecem que os colocaram lá e os filhos de que estão lá, pois criam uma forma de fuga (brincar no sofá ou dormir nele). A correção eficiente deve ter um tempo suficiente para uma reflexão antes da retirada da criança do local. Deve haver um diálogo sobre o ocorrido, com questionamentos do tipo: "pensou sobre o que fez? acha correto seu comportamento?"... ao final, afirme que o ama e que, por isso, o está corrigindo. Que se não o amasse não se importaria em vê-lo tendo um comportamento inadequado!

5

Direitos da criança e do adolescente

A criança, assim como os pais, não podem se esquecer de que nossa vida parte de dois princípios básicos: os direitos e os deveres. Sabemos o que queremos de nossos filhos: a obediência, o respeito... Isso são frutos de uma boa educação. Mas como obter bons frutos sem cuidar das sementes, regá-las, replantá-las, podá-las... Ou seja, mesmo sendo "fácil", dá trabalho!

Sim! Educar dá trabalho, mas sem trabalho não há salário, não é mesmo? Pois bem, até agora falamos das cobranças, mas começaremos a falar das ofertas.

Os pais também têm o dever de oferecer parte do tempo aos filhos para terem o direito de cobrá-los!

Conversas informais, passeios, lazer, tudo isso faz parte da arte de educar com qualidade. Ao menos quinzenalmente é importante que seja garantida uma fonte de lazer, independentemente de condições financeiras. A criança se contenta em jogar bola no parque público, sair para tomar um sorvete sentada à mesinha da sorveteria, sem pressa, em paz! Toda criança que cumpre com os seus deveres necessita ver a sua recompensa em forma de direitos. Isso não se aplica a premiações! Não é disso que estou falando!

Estou falando da presença dos pais e não dos presentes dos pais!

O Estatuto da Criança e do Adolescente garante aos mesmos o direito à saúde, à educação, à satisfação de suas necessidades, e creio que esses tópicos deveriam ser amplamente pensados. Quando falamos em direito à saúde é comum que nos lembremos dos cuidados básicos: manter as vacinas em dia, garantir um bom convênio... Achar um pediatra confiável... Mas hoje estamos frente a uma nova realidade! Nossas crianças estão doentes emocionalmente! As famílias preocupam-se com os efeitos, mas não se posicionam em relação às causas. Os pais se preocupam com a bronquite dos filhos, porém não decidem parar de fumar... Preocupam-se com os tiques nervosos dos filhos, mas continuam brigando violentamente diante deles; preocupam-se com o constante ganho de peso das crianças, mas continuam incluindo os biscoitos recheados em primeiro lugar na lista de compras... Há uma grande preocupação com a saúde física, mas e quanto à saúde mental?! Ilusoriamente esse erro estende-se à educação.

A preocupação dos pais tem se mantido no ato de escolher a melhor escola, o melhor bairro, garantir a assiduidade às aulas, reclamar das exigências da professora... Porém, garantir a educação é participar ativamente do contexto escolar! Frequentar as reuniões, vibrar com cada progresso (mesmo que pareça mínimo), perceber as falhas e estar disposto a cobrar para que as mesmas sejam superadas são deveres dos pais no acompanhamento da vida escolar de seus filhos.

Já acompanhei a indignação de vários pais por terem que ajudar seus filhos a estudar para a prova porque julgam que tal tarefa compete apenas à escola! Grande equívoco!

6

A escola, uma fiel aliada

Não reconhecer as dificuldades da criança não ajuda em nada; pelo contrário, retarda a solução. "Entre os pais que recebo no consultório, boa parte deles repete as mesmas frases: "Eu achei que, quando ele crescesse, melhoraria..." "A professora do pré já havia me encaminhado, mas meu marido disse que nosso filho não era louco para precisar de psicólogo!..." "Já não sei mais o que fazer... arrependo-me de não ter vindo há anos atrás, quando a escola nos encaminhou!..."

Essas frases aparecem sempre que os filhos estão na adolescência e tornam-se fora de controle. Se é mais fácil controlar um triciclo do que uma moto, por que temos a ilusão de que um filho mais velho será mais fácil de educar?!

Certa vez ouvi uma pregação onde o querido pastor Sebastião Lomeu disse: "Filhos pequenos, problemas pequenos... filhos grandes, problemas grandes!" Adorei a simplicidade utilizada por ele para deixar claro que, quanto antes vier a correção, maior a chance da eficácia!

As famílias precisam ver a escola como uma importante aliada e não como uma rival na educação dos filhos.

Se a escola alertou sobre algo no comportamento de seu filho, investigue! Lembre-se de que onde há fumaça há fogo!

Em casa os pais têm como referência o seu filho, já a escola tem como referência o grupo, fator que facilita uma visão crítica mais segura, já que se baseia no profissionalismo e não no sentimentalismo.

É difícil enxergar situações das quais estamos diretamente envolvidos, tanto que esse é um dos motivos pelos quais os psicólogos não podem atender a membros de sua família ou do seu círculo de amizade. Quando fazemos parte, enxergamos de maneira parcial. Pense em você ao se arrumar. Por mais que você se observe, só conseguirá se ver por completo com o auxílio de um espelho; caso contrário, verá parcialmente. Não poderá se olhar de costas, ver o próprio rosto..., coisas que são facilmente observadas em outra pessoa. No lado emocional ocorre o mesmo, só que não fomos educados para compreender as emoções, só para negá-las. Por esse motivo, sempre conseguimos dar sugestões para a vida dos outros com muito mais facilidade do que damos na nossa própria vida. Quantas vezes ouvimos as pessoas dizendo: "Ah... se essa criança fosse meu filho por meia hora... eu daria um jeito rapidinho!" Mas essa mesma pessoa, ao se tornar mãe ou pai, vê-se passando pelos mesmos embaraços daqueles que antes criticava! Todos têm soluções fáceis para o marido do outro, o filho do outro, a dívida do outro... De fora, vemos melhor!

Trabalho em equipe

Desenvolver tarefas em companhia de outras pessoas não significa necessariamente que a desenvolvemos em equipe.

Por vezes, agimos individualmente, mesmo em meio à multidão, e isso também ocorre na educação dos filhos.

Muitos casais convivem juntos, mas apenas um dos membros assume completamente as tarefas, assim como alguns casais separados educam seus filhos em plena sintonia.

Independente do estado civil dos pais, é fundamental para a saúde psíquica dos filhos que haja sintonia entre as decisões tomadas na educação dos mesmos. Quando essa segurança não é mantida, os filhos sentem-se sem direção a seguir, pois recebem duas possibilidades de caminhos contraditórios, sendo ambos dados por pessoas emocionalmente importantes para eles.

Os filhos não podem ocupar o papel de confidentes das insatisfações dos adultos que os rodeiam.

O que acontece quando colocamos carga acima do limite em uma carreta? Ela certamente sofrerá danos. Aguentará por um tempo, mas logo começará a ranger o motor, vazar óleo... O mesmo ocorre com crianças que carregam cargas emocionais acima de sua tolerância. A criança começará a dar sinais de que não está aguentando, adoecendo com maior frequência, urinando na cama, deixando de produzir em sala de aula... (será melhor explicado nos próximos capítulos).

Esse trabalho deve estender-se não só à família, mas também à escola. Conforme já afirmei anteriormente, é muito importante que a escola seja vista como aliada no processo educacional e não como ré.

Uma equipe verdadeira não se prende a interesses particulares, mas visa o bem dos interesses coletivos. Usando como exemplo a separação entre casais ou a antipatia entre professor e pais de aluno (ou vice-versa), o ato de educar com sucesso exige que se abra mão da raiva, rancor ou interesses próprios, em prol da saúde mental e bem-estar das crianças. Que se abra mão de uma discussão para poupar o filho, de criticar negativamente o professor para preservar o interesse escolar da criança. Isso é trabalho em equipe. Todos unidos por um objetivo em comum: o pleno desenvolvimento emocional do menor.

Não!

Essa palavra tão chata de ser ouvida, e difícil de ser pronunciada, é extremamente necessária para o amadurecimento emocional.

O "não" nos dá a ideia de negação, má vontade, falta de compreensão, porém, mal sabem as pessoas, que tal palavra significa também: eu te amo, preciso te ensinar a viver em sociedade, preciso te ensinar a perder e a vencer as frustrações, pois eu te amo e te ensino com amor, ao contrário do mundo, que te ensinará com crueldade aquilo que eu omitir.

Ser pai, ser mãe, ser educador, significa dizer o tanto de SIM(s) que forem possíveis com o tanto de NÃO(s) que forem necessários!

A criança que não tolera o não, deixa de ter limite, não se sente amada, não produz, não é feliz. Daí se explica o fato de que muitas crianças que têm "tudo", ainda assim sejam emocionalmente carentes. O não deve ser dado de forma simples e firme, sem violência ou grosserias.

Ele pode ser pronunciado com firmeza em tom baixo e carinhoso, porém firme e IRREDUTÍVEL (por isso, o bom-senso no julgamento é fundamental).

Estamos vivendo uma fase de transição entre a educação ditatorial e a liberal, e infelizmente percebemos que nenhum dos extremos dá certo.

Os pais têm confundido o ato de dialogar, de ouvir a versão ou o argumento do filho, com o fato de serem obrigados a ceder às suas vontades. Não! É importante ouvir a opinião, sim, mas isso não significa acatar a opinião da criança ao invés de argumentar os motivos do "Não" que foi dado à mesma!

Tenha certeza sobre o que é melhor para o seu filho e fique firme! Não se incomode, nem proiba a manifestação de tristeza da criança (chorando, por exemplo!). Você pode confortá-la, dizendo: "Eu sei que você está chorando porque está triste... é comum ficarmos tristes quando não conseguimos o que queremos, mas o papai ou a mamãe sabe o que é melhor no momento". Guarde bem: Não são necessários gritos, desgastes, escândalos... Basta manter-se firme na decisão tomada, mostrando-se acolhedor.

Recentemente têm aparecido inúmeros casos de assassinatos entre casais adolescentes ou jovens que, ao receberem um "fora" do parceiro, ou da paquera, partem para ameaças, agressão e até assassinatos. E por que será?

Uma criança acostumada a conseguir seus desejos realizados após chiliques, birras e tudo mais, registra em seu subconsciente que, em caso de comportamentos extremos, seus desejos serão realizados. Não desenvolve a capacidade de experimentar e superar frustrações! O mundo gira em torno dela. Ao chegar à adolescência, começa a deparar-se com um mundo que está fora de seu controle, onde a birra não funciona, e é nessa fase que pode começar a encontrar-se com os vários "nãos" que a vida nos dá! Ao deparar-se com o sentimento de frustração nunca antes experimentado, poderá não ter potencial emocional para superá-lo, tomando qualquer atitude para que seu desejo seja realizado (como sempre ocorreu), sem pensar nas consequências, já que foi educado a ser imediatista (quero hoje, agora e pronto!).

Concluindo que Não = Amor, eu proponho que você reflita e responda: Você realmente tem dado amor ao seu filho?

Brincadeira é coisa séria!

O "NÃO" é uma palavra importantíssima, porém não se vive só de negações! O equilíbrio é a base das relações, e para se exigir é fundamental também oferecer!

O brinquedo é o mundo que caracteriza a infância. Será que alguém já parou para pensar nisso? Pois seria muito bom que pensasse! Brincadeira é coisa séria mesmo! Brincar pode ser muito mais importante do que imaginamos.

Todos os mamíferos brincam. O ato de brincar ajuda a superar as frustrações. Quando a criança brinca, ela ensaia para a vida adulta e, por meio da observação desse ensaio, os pais têm condições de perceber como está o universo emocional dessa criança. Essa é uma das coisas que os terapeutas fazem em consulta infantil.

Brincar com o filho é, em outras palavras, participar do mundo dele, permitir que haja uma maior aproximação familiar.

Uma criança que manipula os brinquedos com agressividade, usando palavras ásperas, palavrões, ameaças, estará dando indícios de que está convivendo em um ambiente inadequado para sua saúde mental. Crianças que se recusam a brincar ou que nunca aceitam as regras do jogo, que não aceitam perder, devem ser observadas com maior atenção.

É importante que os pais não se deixem enganar com pensamentos de que tais atitudes são coisa da idade, que vão passar naturalmente... Vale a pena reforçar que, enquanto não enxergamos o problema, não temos como solucioná-lo, e quanto mais o tempo passar, maior ele se tornará.

Brinquem, e brincando observem, e, se necessário, ajam! Não se esqueçam de que brincadeira é coisa séria!

É muito bom ter um momento especial para curtir ao lado dos filhos. Até mesmo garantir férias deve ser encarado como um importante compromisso.

Tirá-los da rotina, mesmo que seja da maneira mais humilde, é fundamental. A pausa é importante para a saúde emocional. Passear com a criança, ir comprar sorvete na padaria da esquina, caminhando e conversando..., ir a um parque, assistir a um DVD juntos, chamar alguns amiguinhos para tomar um lanche em casa, são algumas das muitas alternativas que temos sem precisar de fortunas para realizar.

A criança precisa saber o sentido da palavra férias! Entender que é um período especial e merecido que tem data de início e de término. O retorno no dia marcado pela escola deve ser respeitado, pois, encerrado o lazer, temos compromissos a cumprir, não é?

Lembre-se... Participar é fundamental!

Seu filho será criança por dez anos e adulto pelo resto da vida! Esses dez anos precisam ser muito bem aproveitados, pois são determinantes para os demais.

10

A importância dos modelos

É muito comum ouvirmos crianças dizendo: Quando eu crescer, quero ser igual minha mãe... ou igual ao meu pai... E realmente essa é a visão inconsciente da criança. Ao observar os adultos, a criança registra silenciosamente a cada atitude, formando ali a sua expectativa de futuro.

Os pequeninos aprendem muito mais o que eles veem do que o que eles ouvem. Portanto, pais alcoólatras têm potencialmente maiores chances de terem filhos alcoólatras, mães agressivas têm maior probabilidade de terem filhas agressivas, e assim por diante... Dessa forma, se você deseja ter filhos com hábitos saudáveis, educados, carinhosos, comece por você. Não existe outra receita. Preocupe-se menos com o que você fala e mais com o que faz!

Quando procurar um terapeuta?

Em 1927 Winnicott, médico pediatra conceituado e aceito como iniciante na Sociedade Britânica de Psicanálise, qualificado como analista em 1934 e como analista de crianças em 1935, desenvolveu alguns dos primeiros estudos a respeito de comportamento e desenvolvimento psíquico infantil.

O tratamento de crianças mentalmente transtornadas e das suas mães lhe forneceu dados para que construísse as suas originais teorias.

No ano de 1926 aproximou-se de Melanie Klein (1882-1960), uma das mais importantes analistas de crianças da sua época. Winnicott fez uma análise adicional com a convicção dos kleinianos (como chamamos os seguidores de Melanie Klein) na importância suprema do primeiro ano de vida da criança para sua saúde psíquica futura.

Winnicott foi médico voluntário na Segunda Guerra Mundial e, durante esse trabalho, percebeu que as crianças que atendia, durante o período da guerra, começavam a apresentar comportamentos que seriam chamados no futuro de antissociais. Durante os anos de guerra trabalhou como consultor psiquiátrico de crianças seriamente transtornadas. Em suas consultas percebeu um universo além do corpo físico. Observou que bebês afastados de suas mães demoravam mais para desenvolverem o tônus muscular, aparentavam maior palidez, apatia... Observou ainda que, no caso de crianças maiores que demonstravam desenvolvimento dentro dos padrões esperados, ao serem separadas de suas famílias, ou serem expostas a altas condições de *stress* (pois estavam vivendo um período de guerra), começavam a apresentar alterações comportamentais como: deixar de executar tarefas de rotina, apresentar dificuldade de aprendizagem, apresentarem-se muito apáticas ou agressivas, voltaram a urinar ou evacuar na calça, falavam mentiras excessivas...

Winnicott via tais comportamentos como um pedido de ajuda. Era um recurso mental, causando um desajuste a fim de que o adulto responsável percebesse que algo precisaria ser mudado, que a criança não estava bem psiquicamente.

Esse mesmo recurso aparece nos dias de hoje. Quando algo não vai bem no universo infantil, a criança também começa a mudar sua forma de se comportar. Nesse momento, é fundamental que os adultos que a rodeiam estejam abertos a essa percepção para ajudar essa criança em apuros.

O comportamento antissocial tem a função de pedido de socorro, mas, quando não percebida a tempo, pode passar a fazer parte da personalidade da mesma. Por esse motivo, as providências devem ser tomadas o quanto antes. Dessa forma, o aparecimento de qualquer um dos comportamentos abaixo seriam motivos de procurar um psicoterapeuta:

1) Urinar (enurese) ou evacuar (ecoprese) na cama ou na calça, mesmo sem problemas fisiológicos e após a idade cronológica esperada (6 anos).

2) Pegar objetos ou brinquedos e escondê-los consigo, *mesmo sem permissão*. Fique atento sempre que seu filho começar a trazer pecinhas de jogos da escola, a trazer o batom da casa da vovó *sem permissão*, o brinquedo do amigo...

3) Não concluir as tarefas escolares, ou apresentar dificuldade de aprendizagem e de adaptação escolar durante longo período.

4) Ficar dependente de paninhos, chupetas, objetos, mesmo após o ingresso na fase escolar.

5) Ser muito agressivo ou muito apático ao interagir com amiguinhos.

6) Apresentar dificuldade para aceitar as regras das brincadeiras, no convívio escolar ou familiar, querendo ganhar sempre, mesmo de forma incondicional (trapaceando).

7) Mentir com convicção e sem que (aparentemente) tenha havido necessidade.

8) Apresentar comportamentos compulsivos ao alimentar-se.

9) Dificuldade de manter a atenção concentrada (viver no "mundo da lua").

10) Apresentar problemas de saúde com muita frequência e sem causa aparente.

Para considerar que as situações citadas possuam causas de ordem emocional, é fundamental que todas as probabilidades fisiológicas sejam previamente descartadas. Portanto, comece sempre procurando primeiro por um médico, pois crianças com problemas de audição, de visão ou com outras patologias também poderão apresentar alguns desses sintomas.

12

Os dez mandamentos para a escolha do terapeuta e obtenção de sucesso no tratamento

Uma vez percebida a necessidade, o segundo importante passo é a escolha de um bom profissional. Sei que, para quem não é da área, possa ser difícil saber se está ou não fazendo a escolha certa. Por isso também resolvi dar algumas dicas norteadoras.

1) Dê preferência a profissionais indicados por pessoas de sua confiança (a escola é uma boa referência).

2) Certifique-se de que o profissional tenha formação em psicologia, pois há terapeutas com outras formações e você não saberá disso se não questioná-lo.

3) Consulte o CRP (Conselho Regional de Psicologia) de sua região para certificar-se de que o profissional está apto ao exercício da profissão.

4) Periodicamente, converse com o profissional para saber sobre o andamento do tratamento.

5) Não oculte informações ao profissional. Quanto mais dados ele tiver, melhor e mais rápido será o resultado.

6) Não abandone a terapia. Seria o mesmo que deixar de tomar o antibiótico na metade do tratamento.

7) Lembre-se de que a psicologia é uma ciência; dessa forma, deve ser tratada como tal. Por isso, escolha profissionais que façam uso de técnicas aceitas pelo Conselho Regional de Psicologia. Isso não inclui terapias alternativas não reconhecidas cientificamente (vidas passadas, cristais etc.); afinal, você está procurando um profissional.

8) Não abandonar o tratamento antes de ter recebido alta.

9) Seguir corretamente as orientações do profissional.

10) Em caso de dificuldade financeira, busque ajuda nas universidades. Geralmente existe nelas um trabalho de atendimento à comunidade.

Superando o medo da psicoterapia

Ao serem encaminhados ao psicólogo, muitos pais sentem tanto medo de descobrir que precisam mudar, que a primeira reação de fuga é a negação (a não aceitação do problema atrasa ainda mais a solução).

Outra atitude muito comum de fuga é a desistência do tratamento no meio do processo, pois o medo da mudança leva à desistência.

Lembre-se de que largar um problema no meio do caminho é sinônimo de deixá-lo livre para crescer abundantemente. Enfrentar o medo é fundamental para abrir-se às soluções.

Resumindo

1) Não tenha medo de mudar. Mude sempre que for necessário.

2) Antes de dizer sim ou não, analise a situação. Dê a resposta somente após ter certeza, para que a palavra dada possa ser mantida.

3) Uma vez dada a resposta, mantenha. A mudança constante de opinião deixa o filho inseguro e faz com que os pais percam a credibilidade.

4) Se não puder cumprir, não prometa, e, se prometer, cumpra.

5) Percebendo algum comportamento diferente no seu filho, procure ajuda.

6) Se a escola fizer qualquer observação sobre seu filho, investigue. Lembre-se de que ele será aluno por alguns anos e seu filho para o resto da vida. Se você não investigar, quem pagará por isso será você.

7) Seja objetivo ao fazer solicitações. Não fale demais. Isso desgasta a relação e não serve para nada!

8) Combine antes de cobrar. Mantenha o que combinou, mesmo que isso gere choro e birra.

9) Zele pela saúde mental de seus filhos.

10) Veja a escola como uma importante parceira na educação das crianças.

11) Dizer NÃO ao filho é fundamental. Prepare sua criança para vencer frustrações. O mundo está cheio delas.

12) Brincadeira é coisa séria. Brinque com seu filho.

13) Não faça comparações! Somos seres únicos.

14) Ensine-os a cumprimentar as pessoas, olhar nos olhos, pedir licença e respeitar os idosos (são pequenos atos que dão frutos inacreditáveis!).

15) Apresente Deus às crianças. Isso fará delas pessoas melhores.

16) Não há discurso que substitua os exemplos.

17) Querem ter bons filhos? Sejam bons pais.

15

Considerações finais

Modernizar significa mudar o que é errado e não abrir mão do que sempre deu certo. O que é bom deve permanecer.

Desejo, por meio desta obra, tê-los levado a refletir sobre o quanto é importante enfrentar todas as dificuldades e desafios que passamos no processo de formação de nossos filhos e que devemos ter, na figura do psicólogo e da instituição escolar, dois fortes aliados, lembrando que em nada poderão ajudar sem o verdadeiro consentimento e participação das famílias.

O sucesso do trabalho está na pirâmide de parceria:

Terapia

E s c o l a

Família

Que este livro seja um importante instrumento para que todos encarem com sabedoria a doce arte de educar.